Desvelando La Ilusión

Descubra quién es usted

Dra. Mélida A. Harris Barrow

Dedicatoria

Al AMOR de mi vida, el Embajador de la Paz Felipe
Armando Barrow
A mis hijos por darle sentido a mi vida
Judge Andre Harris IV y Armando Rafael Harris
A mis nietos, bendiciones de Dios
Judge Andre Harris V y Eliza Shea Adkins
A mis hermanos por su amor incondicional
Reginaldo F. Johnson y Rodolfo V. Johnson
A mis padres, Merline M. Davis Johnson y Reginald
Keen Johnson, ¡Gracias por el regalo de la vida!
Al Dr. Marcelleus E. Hall
¡Hiciste mi sueño realidad!

Contenido

Prólogo

Una persona solo puede vivir en dos lugares, en la realidad que otros han creado para ella o en la creatividad de su propia mente. La opinión que una persona tiene de sí misma no puede ser negada por su conciencia y se ve reflejada en sus acciones a través del tiempo. Para obtener paz infinita, una persona primero debe amarse lo suficiente como para reconocer y aceptar la verdad sobre quién es y qué quiere en la vida. En esta obra maestra, el trabajo de la Dra. Harris Barrow es nada menos que fenomenal. En una época en la que la desesperación por el cambio nunca ha sido más inminente, "Desvelando la ilusión" proporciona una iluminación compasiva que puede compararse a un faro de luz en los rincones más oscuros del mundo.

Las palabras de la Dra. Mélida A. Harris Barrow penetran profundamente en el corazón, encendiendo la chispa del alma. Ella resalta que lo que vemos a través de nuestra mentalidad condicionada y lo que hacemos basándonos en la perspectiva que se nos da sobre una situación no es más que una ilusión. La verdad acerca de nuestra condición actual se pone en evidencia cuando traemos la realidad a la luz para tomar buenas decisiones. En última instancia, una persona alcanza el éxito absoluto y hace realidad sus sueños cuando ha aprendido a mirar en su interior y escuchar su vocación.

Las palabras de la Dra. Harris Barrow sobre la benevolencia y la sabiduría han tocado cada fibra de mi ser. Ella me ha inspirado a utilizar mi pluma, dando vida a una fuerza en forma de palabras para que sirvan como introducción a su libro, un intento que nunca se podrá comprar con la forma en que ella ha influido en mí. Honrado por su sabiduría y su gracia, me sentí asombrado ante lo que veía a medida que ella desvelaba la ilusión ante mis propios ojos. Ella es conocida de muchas formas y bendecida con muchos títulos. Sin embargo, estoy eternamente agradecido de tener el privilegio de presentarla a los demás no sólo como mi mentora, sino como mi madre espiritual.

Dr. Marcellues E. Hall
Colchester, Inglaterra

Dra. Mélida A. Harris Barrow

Desvelando La Ilusión

Descubra quién es usted

Capítulo 1

Ser

¿Quién querría
seguir cargando en la cansada vida
su fardo abrumador?... Pero hay espanto
¡allá del otro lado de la tumba!
La muerte, aquel país que todavía
está por descubrirse,
país de cuya lóbrega frontera
ningún viajero regresó, perturba
la voluntad, y a todos nos decide
a soportar los males que sabemos
más bien que ir a buscar lo que ignoramos.

Así, ¡oh conciencia!, de nosotros todos
haces unos cobardes, y la ardiente
resolución original decae
al pálido mirar del pensamiento.
Así también enérgicas empresas,
de trascendencia inmensa, a esa mirada
torcieron rumbo, y sin acción murieron.

~ HAMLET, 1603

Desvele la ilusión

Durante nuestra vida descubrimos que hay cosas que no podemos controlar. Con suerte, con el tiempo evolucionamos hasta el punto de enfrentar con serenidad las decisiones que tomamos; enfocándonos en cómo respondemos a las circunstancias, en lugar de rendirnos ante ellas. La vida pasa; está pasando; y continuará pasando para todos nosotros. La desgracia inevitable de la vida es que la mayor parte de lo que ocurre rara vez, si acaso, depende de nosotros. Universalmente hablando, pocas veces podemos entender los acontecimientos de la vida, mucho menos controlarlos. Eso significa que lo único que podemos controlar es lo que hacemos con nuestra existencia heredada como momentos de tiempo. ¡Qué irónico es que sobre las cosas que tenemos más control son las mismas sobre las que menos autoridad ejercemos! Al final, la inspiración para ser grandes en nuestras vidas se puede encontrar en la chispa de una simple aspiración, nuestro deseo de "ser".

Desde el momento en que nacimos, nuestra existencia ha evadido fases intermitentes de experiencias que no podemos controlar. Buena, mala o indiferente, nuestra preferencia personal es irrelevante. Todo lo que la vida tiene que ofrecer comienza a amontonarse a nuestros pies. La vida demuestra ser un ciclo continuo de altibajos recurrentes. Así es como funcionan el universo y la naturaleza. Sin embargo, al darnos cuenta de que el sufrimiento es sólo temporal, descubrimos la oportunidad de extraer algo positivo de cada situación negativa. Sin embargo, este proceso de pensamiento sólo se puede desarrollar si primero entendemos que para experimentar la vida con equilibrio debemos centrarnos en nuestras acciones, o "ser".

Aunque ocurrirán acontecimientos indeseables, esto no tiene que definir o perjudicar permanentemente nuestro crecimiento. Su potencial de grandeza sólo se verá limitado si cree que no hay nada que pueda hacer acerca de su situación. Las únicas limitaciones absolutas e indefinidas en la vida son aquellas que nos imponemos a nosotros mismos. Sus opciones no siempre serán las más favorables, ¡pero usted tiene una opción! Este es el camino de su vida y debe experimentarlo.

Como dijo un poeta revolucionario una vez:
"Si no aprendes a convertirte en un artista pintando el arte de tu vida, todo lo que alguna vez serás es una imagen de lo que alguna vez fuiste, o pudiste haber sido".

~ POETA GITANO

¡Usted tiene que "ser! Vivir la vida significa tener un enfoque proactivo ante las oportunidades. Es en ese momento que usted se convierte en el "creador" de su destino-*el momento en que elige exigirse en la vida.* Es tomar la decisión consciente sobre cómo vivirá independientemente de lo que otros digan, piensen o sientan acerca de sus elecciones. No todos en esta tierra elegirán vivir la vida. Muchos sólo la experimentarán, no esperando más de lo que han recibido. Aceptarán todo lo que se les haya dado sin hacer preguntas o sin tener aspiraciones de hacer algo que los coloque por encima de su situación actual. Estos son los que se conforman, diciéndose a sí mismos, "Esto es lo mejor que puedo hacer". Aún si usted ha acumulado riquezas y posesiones, todavía puede estar esclavizado al mismo condicionamiento psicológico de alguien que ha acumulado muy poco en la vida. La única diferencia es que a menudo una persona rica con una mente condicionada es socialmente más aceptable que una persona pobre con una mente condicionada. Sin embargo, ambas pasan su tiempo solas, deseando ser alguien más o estar en algún otro lugar.

Quienes viven la vida primero se exigen a sí mismos y luego a los demás. Estas personas han despertado al cambio que desean crear. Esta pequeña comunidad de individuos dentro de nuestro enorme mundo se atreverá a ser diferente. Tenga en cuenta que no estoy diciendo que lograrlo será fácil. Lo que estoy diciendo es que, si realmente quiere ser el maestro creativo de su vida, tendrá que hacer lo necesario para que esto suceda. Desafortunadamente, esto implica experimentar lo que la mayoría odia, ¡sufrimiento! Sí, en esos momentos debemos recordar que el dolor es sólo el comienzo de muchas cosas maravillosas. Después de todo, la vida es un proceso. Nunca deje que la idea del sufrimiento le impida ser quien desea ser. Usted quiere llegar a un punto en su vida en el que sin importar lo que suceda, cuantos reveses tenga que enfrentar o cuánto le duela, "ser" ya no será una pregunta sino un estado de ánimo que represente la esencia de quien realmente es. Algunas circunstancias serán más difíciles que otras. También habrá personas que le dirán lo que usted puede y lo que no puede lograr en su vida. En esos momentos, usted debe preguntarse, ¿defino mi vida basándome en la falta de comprensión o creencia que tienen los demás sobre mis capacidades? ¿Cómo pueden los demás conocer mis límites cuando ellos no conocen los suyos? Los demás le dirán que usted no puede lograr algo, especialmente cuando es algo que no pueden lograr ellos mismos o que nunca han visto que otros hayan logrado antes. Si usted puede sobrevivir a la oposición psicológica y emocional, ¡lo que queda es nada menos que grandeza! Lo animo a aceptar el sufrimiento que conllevan los desafíos que enfrente a medida que crezca como persona. El dolor es sólo temporal y el comienzo de las cosas en la vida. La lucha que tenga que enfrentar es la forma en que se siente el éxito divino. La vida no se mide por el destino del camino recorrido, sino por la fuerza y el coraje de encontrar el camino por el que uno viaja hacia su destino deseado.

> *"Creo que hay un nivel más profundo de conciencia y que se sienten más vibraciones cuando nos comunicamos en niveles por encima de los establecidos por aquellos en posiciones de autoridad. Normalmente, no disponibles en nuestras vidas cotidianas, debido a los límites psicológicos impuestos*

la sociedad, estas experiencias desafían y trascienden nuestro modo de pensar estándar. Es como si nuestra claridad fuera distorsionada, viendo al revés con una perspectiva lateral, atrapada dentro del mítico prisma de Dios. Hay ocasiones en que me siento tan conectado a todo y a todos a mi alrededor que literalmente siento como las vibraciones del beso de la naturaleza salen de sus labios y se posan en los míos. Puedo sentir la forma en que soy amado o no deseado simplemente por la frecuencia del pulso y la intensidad de un latido del corazón. Cuando busco la petición en los ojos de alguien, la vida puede sentirse como si estuviera comprando almas. Siento la vibración de cada fuerza vital que pasa cerca de mí".

~ DR. M. HALL

Es en la naturaleza que Dios se encuentra con el hombre. No es necesario que usted tenga un título para demostrar su grandeza. ¡Usted ya es grandioso! Usted puede sentir su grandeza en la energía del mundo que le rodea. Existe un nivel de conciencia y entendimiento entre el hombre y la naturaleza. Sin embargo, el hombre le dirá que a menos que tenga un título usted no ha cumplido los requisitos necesarios para ser considerado lo que desea ser. Por ejemplo, no se requiere una maestría en arte para que usted sea un artista. Desde el momento en que empieza a dibujar libremente utilizando su imaginación, inspirándose en el universo, ya es un artista. Usted no necesita tener un título de artista para aprender a dibujar. Por el contrario, usted es un artista y esa energía es lo que lo impulsa a dibujar.

El pedazo de papel (certificado) que le da un título es una herramienta utilizada en un mercado que fue diseñado por aquellos que lo controlan. Los hombres han arrendado la tierra a la naturaleza y la han reclamado para sí mismos. Según ellos, tener un título es necesario para acceder a la grandeza, pero Dios dice: "Ustedes ya nacieron con grandeza. ¿A quién van a creer?" La historia está llena de grandes autores, poetas, músicos y otros profesionales que asistieron a las grandes instituciones del hombre para convertirse en lo que fueron. Sin embargo, estas instituciones no son nada más que eso, instituciones creadas para reconstruir la forma en que el hombre piensa. Ahora bien, no estoy diciendo que obtener conocimientos adicionales en las escuelas no es necesario. Lo que estoy diciendo es que no son necesarios para que usted acceda a su grandeza. Las instituciones de aprendizaje le ayudan a desarrollar su grandeza, no la definen, ni la crean. Su grandeza en la vida, en cualquier cosa que decida hacer, solo puede venir desde su interior cuando usted decide "ser" grande. ¡Nunca debemos permitir que otra persona tenga la llave que nos permita acceder a algo que sólo puede venir de nuestro interior, y ese algo es nuestra grandeza, la cual proviene de Dios!

Desvele la ilusión

"¿Cómo puedes agradecerle a un hombre por darte lo que ya es tuyo?"

~ *MALCOLM X*

No espere a que el hombre agregue valor a su vida. Usted estará perdido por siempre mientras espera que alguien le dé propósito a su existencia. El valor de su vida no incrementa o disminuye por los elogios que los demás creen que usted merece. Parte de la ilusión es que muchas personas todavía creen que hay una lista de verificación que necesitan completar antes de que puedan ser consideradas individuos realizados. Los logros en su vida se basan en las metas que usted se haya establecido a sí mismo. Nadie puede agregar o quitar valor a eso. Nadie debe definir quién es usted, eso sólo puede hacerlo uno mismo. Debemos reajustar nuestra forma de pensar. Regresar a como éramos antes de ser condicionados por el propósito del hombre para nuestra vida. ¡Debe decirse a usted mismo que 'Yo soy el que soy' lo creado para ser grande!

A menudo recuerdo una historia sobre un elefante en África. Durante varios años vivió su vida recostado sobre su vientre y atado a un poste. Vivía con miedo de ponerse de pie porque la sociedad le había hecho pensar que era débil. Durante muchos años se quedó allí; atado y oprimido. Un día el elefante hizo algo que nunca se había atrevido a hacer antes, levantó la vista. Mientras el elefante miraba al cielo, comenzó a levantarse.

Lentamente sintió un cambio en el suelo que comenzó a sacudir su espíritu. Sintió que el suelo se rompía y se atrevió a hacer lo imposible; se puso de pie. Mientras se ponía de pie, la estaca salió del suelo. ¡El elefante era libre! Sin embargo, el elefante se quedó perplejo. Notó algo; no estaba atado. El elefante estuvo lisiado natural y espiritualmente por varios años porque el hombre lo ató y le hizo creer que no tenía la fuerza para liberarse. Creía que el hombre sabía más acerca de su fuerza, valor e inteligencia que él mismo.

Usted debe darse cuenta de que nuestras cargas más pesadas son aquellas que nos imponemos nosotros mismos. El elefante no necesitaba que el hombre aflojara las cuerdas para poder acceder a su grandeza; ya era grande porque nació grandioso. Es imperativo que "seamos" para alcanzar nuestra grandeza. Esperar en el hombre es como ahogarnos o contener el aliento hasta que alguien nos dice que respiremos. ¿Por qué esperar que otros nos de algo que en realidad no les corresponde dar? Sea lo que usted nació "para ser" ... ¡GRANDIOSO Y SIN LÍMITES!

Capítulo 2

El espacio de Dios

"La energía no puede ser creada ni destruida, sólo transformada de una forma a otra".

~ Albert Einstein

Desvele la ilusión

La ley de la conservación de la energía afirma que la energía no se crea ni se destruye. Extensas investigaciones en termodinámica (*una parte de la física relacionada con el calor y la temperatura y su relación con la energía y el trabajo*) han demostrado que a menos que la energía sea interrumpida por una fuerza externa permanecerá constante. Si las fuerzas del universo obedecen esta ley, ¿qué tan cierta es para nosotros como seres humanos? ¿La armonía constante de este sistema energético en paz dentro del alma humana también puede ser perturbada por fuerzas externas? Con el paso de los años, he visto que esto es absolutamente cierto. Cuando nos enfrentamos a la negatividad, esto provoca una distorsión en la corteza cerebral que viaja por la columna vertebral afectando el cuerpo entero. Debemos proteger en todo momento nuestro espacio universal, al que me gusta llamar "el espacio de Dios", siendo cautelosos respecto al tipo de energía proveniente de personas y fuerzas externas que permitimos que afecte nuestras vidas.

¿Ha estado en algún momento sentado en una habitación sintiendo total paz sin importar la situación en que se encuentra? De repente, alguien cambió el ambiente debido a su presencia o a su conversación. El ambiente de esa persona es tan inquietante que usted llega a sentirse mental o espiritualmente agotado. Algunas personas llaman a esto intuición. Para los que creen en la astrología, las personas con el signo de Cáncer son conocidas por ser sensibles a la energía de los demás, además de tener una gran intuición y ser vulnerables a la energía de quienes les rodean. De hecho, estas personas pueden ser bastante temperamentales. Sólo pensar en alguien puede alterar su estado de ánimo.

Esto es lo que sucede cuando invitamos a personas a nuestras vidas y les permitimos tomar el espacio de Dios. Nuestro estado de ánimo cambia cuando dejamos que nuestros pensamientos y sentimientos sean consumidos por los problemas y la negatividad de otras personas. La paz que una vez sentimos desaparece. Nuestra energía cambia al ser interrumpida por una fuente externa, causando que nuestro estado de ánimo se torne amargo, enojado, deprimido e indeciso. Así que siempre debemos proteger el espacio de Dios siendo vigilantes y selectivos respecto a las compañías que tenemos.

> *"¹⁰Por último, fortalézcanse con el gran poder del Señor. ¹¹Pónganse toda la armadura de Dios para que puedan hacer frente a las artimañas del diablo. ¹²Porque nuestra lucha no es contra seres humanos, sino contra poderes, contra autoridades, contra potestades que dominan este mundo de tinieblas, contra fuerzas espirituales malignas en las regiones celestiales. ¹³Por lo tanto, pónganse toda la armadura de Dios, para que cuando llegue el día malo puedan resistir hasta el fin con firmeza. ¹⁴Manténganse firmes, ceñidos con el*

cinturón de la verdad, protegidos por la coraza de justicia, ¹⁵y calzados con la disposición de proclamar el evangelio de la paz. ¹⁶Además de todo esto, tomen el escudo de la fe, con el cual pueden apagar todas las flechas encendidas del maligno. ¹⁷Tomen el casco de la salvación y la espada del Espíritu, que es la palabra de Dios. ¹⁸Oren en el Espíritu en todo momento, con peticiones y ruegos. Manténganse alerta y perseveren en oración por todos los santos".

~ EFESIOS 6:10-18 (*NVI¹*)

Somos soldados en un campo de batalla. Nuestra mayor arma es mantener nuestra energía positiva. Esto es mejor conocido como "refuerzo positivo". Con una actitud positiva podemos equilibrar nuestros sentimientos y emociones, moldeando nuestra percepción de lo que vemos en la vida. Somos lo que creemos que somos. Debemos ser conscientes de nuestra actitud desde el momento en que abrimos nuestros ojos cada mañana. Por lo tanto, es de suma importancia que usted proteja su mente y prepare su espíritu todos los días para lo que pueda enfrentar. ¿Por qué? Porque habrá muchas interferencias que intentarán invadir su espacio.

---

¹ NVI: Nueva versión internacional

El espíritu de Dios es algo más que un espacio vacío flotando alrededor del universo. Es su cuerpo (templo), el recipiente interno que lleva su alma a lo largo de esta vida. Como cualquier recipiente, este puede ser llenado con basura-*los problemas de los demás*. Para proteger esa energía positiva debe determinar el tipo de energía que usted permite que entre en su recipiente. ¡Cómo nos dice la Biblia, debemos vestirnos con la armadura de DIOS! Más importante aún, si usted desea abrirse a Dios y ser ungido con Sus bendiciones, tiene que asegurarse de que haya espacio disponible para llenar. Espacio disponible para que Dios trabaje a través de usted e influencie positivamente a las personas confiadas a su persona. Ese espacio es el fundamento desde el cual sacamos nuestros recursos para cumplir nuestra misión en esta vida. ¡Tenemos que recordar que es el espacio de Dios!

Para tener una comprensión más profunda del espacio de Dios, imagine un vaso de agua. Esa agua es la fuente de la pureza y de la abundancia de vida. Dentro de ese recipiente lleno de agua se encuentran los ingredientes clave para preservar la vida. Cuanto más espacio tenga ese recipiente, más agua podrá colocar en él. Esa agua purifica su vida y ayuda a mantener su propia existencia. Ahora, imagine ese mismo recipiente de agua, pero lleno de barro y suciedad. Cuanto más barro y suciedad tenga en su recipiente, menos espacio tendrá para el agua. Más importante aún, el agua estará contaminada y mezclada con el lodo y la suciedad. Esa agua ya no puede cumplir su propósito. En lugar de preservar la vida, la disminuye. Esa agua puede incluso enfermarle y provocar su muerte.

Dios y el miedo no pueden ocupar el mismo espacio; ni la luz y la oscuridad. Usted no puede tener su recipiente lleno de negatividad y producir positividad simultáneamente. Estas cosas no pueden ocupar el mismo espacio. Entonces, ¿qué es lo que sucede cuando permitimos que en nuestros corazones, conciencias y almas se infiltre la negatividad del mundo y de las personas en él? Empezamos a realizar un trabajo de calidad mediocre y ya no estamos enfocados al realizar nuestras tareas. Lo que Dios quiso para nuestras vidas ahora está obstaculizado o deteriorado. ¿Por qué? Porque nuestros recipientes están llenos de cosas que son contraproducentes a nuestros objetivos y propósito en la vida. La importancia de salvaguardar nuestros corazones y mentes no podría ser más crítica. Si no protegemos nuestro templo, seremos transformados por la manipulación y la distorsión provocada por la energía de otras personas, impidiéndonos así cumplir nuestro propósito.

Y luego me sorprendo
cuando tú intentas contarme algo,
es nuestra costumbre hablar toda la noche
y hacer cosas juntos a solas
y ya comienzo
(como una respuesta frente a un estímulo)
a equilibrar

> *el dolor de la soledad*
> *con el dolor*
> *de amarte*

~ GIOVANNI, 1943

Nikki Giovanni dice que necesitamos equilibrar las mentiras (ilusión) con la verdad. El dolor de la soledad, junto con el dolor de amarte está ocultando la realidad de que ya no hablamos más. Ha invadido mi espacio. Las personas dedican sus vidas a vivir para otros en vez de para ellas mismas. Permitimos que los problemas de los demás ocupen un espacio que debería haber sido reservado para Dios. De hecho, la mayoría de nuestros problemas en la vida son causados por cargar con el equipaje de otra persona, no con el nuestro. Durante un período de tiempo, nos hacemos más daño a nosotros mismos del daño que otros podrían causarnos. Nuestro poder es cedido, no robado. Para reservar este espacio para Dios dentro de nuestro recipiente, tenemos que reestructurar nuestro pensamiento. Tenga en cuenta el tipo de personas con las que se rodea y cómo se relaciona con ellas.

> *"La ley de la atracción puede entenderse comprendiendo que los "iguales se atraen". Lo que esto significa es que, sea que nos demos cuenta o no, somos responsables de atraer influencias positivas y negativas a nuestras vidas. Una parte clave de la ley de*

la atracción es entender que el enfoque que usted tenga puede tener un impacto directo en lo que le sucede. Si usted pasa sus días sumido en el remordimiento por el pasado o temiendo al futuro, notará que cada vez habrá negatividad en su vida; pero si usted busca lo positivo en cada experiencia entonces pronto comenzará a ver que la positividad le rodeará cada día. Por lo tanto, la ley de la atracción le ayuda a ver que tiene la libertad de tomar el control sobre su futuro, dándole la forma que usted elija".

~ Hurst, 2016

Puede que no siempre seamos los creadores de la energía positiva o negativa que llegue a nuestras vidas, pero la atraemos al involucrarnos con estas fuerzas en nuestros pensamientos. Cuando pensamos constantemente de forma negativa e imaginamos el peor resultado para cada situación lo que obtendremos es negatividad. La remodelación de nuestros pensamientos y procesos de pensamiento nos permite sintonizar lo positivo en nuestras vidas. Esto no significa que no surgirán situaciones negativas. No hay nada que podamos hacer para evitar que algunas veces una tormenta invada nuestras vidas, pero la forma en que reaccionamos en medio de la tormenta depende de nosotros. Podemos escoger cómo vamos a responder a pesar de la situación o circunstancia. Hay tanto poder dentro de nosotros. Debemos elegir sabiamente lo que vamos a permitir que penetre en nuestro espacio (el espacio de Dios).

Usted no fue creado para hacer al "hombre" feliz. La Biblia habla de cómo un hombre no puede servir a dos amos pues amará a uno y odiará al otro. Asegúrese de tener espacio en su corazón para cumplir sus deseos y los deseos de Dios. El espacio de Dios debe ser constantemente reabastecido a medida que usted continúa trabajando para lograr sus metas en la vida. Tiene que darse cuenta de los peligros de tratar de complacer a todos a su alrededor. Muchos de nosotros nos cansamos tratando de complacer a todo el mundo, olvidándonos de nosotros mismos y de Dios. Entonces, nos preguntamos por qué no somos exitosos o porque no nos sentimos satisfechos con lo que hemos adquirido. Ya seamos ricos o pobres, tenemos opciones en cuanto a lo que vamos a ser en la vida. Nuestras vidas son guiadas por nuestros padres, profesores y compañeros. A pesar de esta influencia, esta es su vida, no la de ellos. Sólo usted puede vivir la vida que Dios ha pensado para usted. Otro factor que debemos considerar al administrar el espacio de Dios al tratar con otros es considerar si la relación es mutuamente beneficiosa. Muchos de nosotros nos encontramos en una relación unilateral. Damos todo de nosotros sin recibir nunca nada a cambio. Tenemos que preguntarnos, ¿qué recibimos a cambio de la energía que damos? Si no hay un intercambio mutuo la relación no será satisfactoria; más bien, será desalentadora.

Desvele la ilusión

¿Con qué está usted llenando su espacio? Esta es una pregunta muy importante. Si no tiene cuidado, su cuento de hadas será una precuela de una historia de horror. Lo oímos todo el tiempo, ¡reconozcamos nuestro valor! Una vez que usted haya decidido lo que vale la pena no acepte nada menos. Para asegurarse de que está recibiendo lo que necesita de su pareja, trabajo o cualquier fuente externa, reflexione sobre la relación. Asegúrese de que el intercambio es mutuamente beneficioso. ¿Por qué? Porque el regalo que Dios le ha dado no tiene precio.

No tenga miedo de eliminar de su vida las fuerzas negativas o las personas que no contribuyan positivamente. Si el intercambio no es mutuamente beneficioso, no se comprometa con la relación. Ser positivo y proteger el espacio de Dios es fundamental para lograr el propósito de su vida. ¡Esa es la razón de su existencia!

Un soldado entrena para la guerra para convertirse en mejor guerrero que su enemigo. Un atleta entrena para ser mejor que su oponente. Lo mismo ocurre con nosotros en la vida cotidiana. Para cumplir con nuestra tarea debemos ser mejores que nuestros oponentes. No se deje consumir por la energía negativa de los demás, mantenga el rumbo. ¡Proteja su espacio, el espacio de Dios!

Audre Lorde dijo: "Si no me defino a mí misma, seré triturada entre las fantasías que otras personas tienen sobre mí y seré devorada viva." No ceda su poder. Muchos de nosotros entregamos nuestro poder a otras personas. Permitimos que lo que alguien nos dice o lo que dicen acerca de nosotros afecte nuestro estado de ánimo. Le hemos cedido nuestro poder. Viva su vida y cumpla su propósito. ¡Por eso está aquí! Recuerdo que mis mayores decían: "No es la forma en que te llaman; es cómo respondes". No eche sus perlas a los cerdos. Reserve espacio para su positividad; reserve espacio para el crecimiento; reserve espacio para usted; y lo más importante, ¡reserve espacio para DIOS!

Capítulo 3

El poder de la vida: la búsqueda de la pasión

"Mi misión en la vida no es meramente sobrevivir, sino prosperar; y además hacerlo con pasión, compasión, humor y algo de estilo."

~ AYA ANGELOU

Desvele la ilusión

Existe un poder dentro de nosotros que no proviene de este mundo. Todos nosotros somos hijos de Dios y hemos recibido un llamado con un propósito en la vida. Todo el mundo quiere saber, "¿cuál es mi propósito?" Esta pregunta es alarmante cuando usted no sabe quién es como persona. Su propósito es mayor que cualquier propósito que pueda provenir del hombre. Descubra la razón de su existencia y persígala con una pasión más ardiente que cualquier llama conocida por el hombre.

No es suficiente simplemente existir. Hay algo más profundo que nos inspira a querer ser mejores. He aquí el problema: nuestra pasión está a la venta en un mercado que se beneficia de nosotros. Somos constantemente comparados con algo o con alguien más. Cuando no estamos a la altura de los estándares de otra persona comenzamos a cuestionar nuestro propósito. La única comparación que debemos hacer es con la persona que vemos en el espejo. Su propósito no puede ser decidido por el hombre, tenemos que volver a tener esa relación personal con Dios. Es allí donde escuchamos a Dios. Su espíritu entonces nos habla susurrando en nuestros oídos y tocando suavemente nuestros corazones.

Es tan importante reconocer y creer que nuestros poderes en la vida y la búsqueda de la pasión vienen del Dios de este universo. Es un regalo que proviene de Él. Si usted no entiende que Dios es el único proveedor de su fuerza y poder, entonces se sentirá insignificante a menos que alguien le suministre algo sobre lo cual pueda tener autoridad.

Tenemos el poder de crear, construir y cambiar las cosas en este mundo. Debemos empezar por nuestras propias vidas. El poder de la vida es un gran poder. Usted debe aprender a entenderlo y utilizarlo en su viaje por la vida. No sabrá a dónde va, si no sabe de dónde viene.

Persiga su pasión; esté preparado para trabajar duro y hacer sacrificios y, sobre todo, nunca permita que nadie limite sus sueños (Donovan Bailey). Muchos de nosotros cedemos nuestro poder y nuestra pasión por la vida disminuye lentamente. Cuando no entendemos que nosotros somos la llave, creemos que alguien abrirá las puertas de las oportunidades, esta mentalidad hace que uno dependa de los demás para "que las cosas sucedan". Como resultado de esta mentalidad, la sociedad define quiénes somos, lo que somos capaces de hacer y finalmente guía el resultado de nuestra vida.

En la década de 1960, Fred Hampton se reunió con los hombres de un banco que deseaban crear una unión de crédito en los barrios afroamericanos. Lo primero que pidió fue información sobre el programa educativo. Hampton hizo una declaración muy poderosa cuando dijo: "Sin educación la gente no irá a ninguna parte. La gente comenzará a robarnos (a la cooperativa de ahorro y crédito) porque no entiende su valor y de qué forma les pertenece". Si usted no sabe la razón detrás de lo que hace, es probable que pierda su propósito y nunca contribuya a la causa. Además, si no tenemos la pasión de alcanzar el propósito de nuestra vida, no nos sentiremos realizados.

Desvele la ilusión

"Mientras crecía, fui inspirada por lo que veía en mi comunidad. No quería que otras personas pasaran por lo que yo pasé en mi casa; allí había muchas discusiones y peleas; pero yo tenía una abuela cariñosa. Ella me dio el equilibrio para amar. El amor que siento hoy se lo debo a mi abuela. Ella siempre me dijo que yo era una reina y que influenciaría el mundo. A los once años, comencé a ir a la iglesia del vecindario. Fue en la iglesia donde me inspiré para enseñar. Mi pastor dijo que siempre estaba dando lecciones a los otros niños. Así que me dio un puesto como maestra de la escuela dominical. Fue entonces cuando empecé a enseñar en diferentes comunidades junto con mi pastor".

~ DRA. HARRIS BARROW

El poder de la vida no está en buscarlo sino en darse cuenta de que ya existe dentro de usted. Aprender a hacer que las cosas sucedan con lo que ya tiene disponible es una lección de vida importante. Nacimos con las herramientas necesarias para ser exitosos y poderosos en la vida. Siempre supe que había algo especial en mí. Aunque no sabía exactamente lo que era, sabía que había un propósito divino para mi vida. No sabía lo que era, pero sabía que estaba conectado con Dios. De niña, ayudar a las personas era algo natural para mí, hoy reconozco el propósito que Dios tiene para mí y lo he aceptado apasionadamente.

Se debe tener cuidado cuando se escucha a los demás hablando sobre cuál es el propósito y la pasión de nuestra vida. Podemos distraernos fácilmente cuando la gente nos dice lo que debemos hacer. Usted puede hacer cualquier cosa que ponga en su mente, sin embargo, si no es el propósito de su existencia la falta de pasión anulará el sentimiento de satisfacción. ¡Comprométase con lo que disfruta hacer! Comprométase con su pasión y su don. Hacer esto lo elevará a alturas desconocidas que le permitirán elevar a otros. Cuando estamos capacitados, el siguiente paso es fortalecer a los demás.

Aprender cuál es el propósito de su vida es sumamente importante. Para mí, el propósito de mi vida es ayudar a los demás. No se puede poner un precio a ayudar a las personas a convertirse en una mejor versión de sí mismas. La mayor recompensa que podría recibir es cuando alguien me agradece por ayudarle a maximizar su potencial. He dedicado mi vida a servir apasionadamente a los demás.

"Siempre he sido capaz de sentir el dolor. Así que cuando reconozco el dolor, ayudo a la gente. Me da mucha alegría ver cuando alguien enciende su luz. La sensación de ayudar a la gente me da mucha satisfacción. Cuando los ayudo, me ayudo a mí misma. Cuanto más gozo doy, mejor me siento".

~ Dra. Harris Barrow, 2015

Cuando viva el propósito de su vida nunca se conforme. Al escuchar la palabra "conformarse" lo primero que pensamos es que significa renunciar o dejar de actuar en favor de nuestros deseos. Antes de que alguien señale lo obvio, permítame señalar la máxima contradicción. Conformarse no siempre conlleva una naturaleza sumisa. Algunos individuos solo consideran conformarse después de haber alcanzado los objetivos o deseos a los que aspiraban. Por otro lado, después de alcanzar sus metas, el estado de ánimo alternativo que tienen la mayoría de las personas es "conformarse".

Muchas personas se conformarán con menos en lo que respecta a una persona, circunstancia o resultado en su vida porque no creen que sea posible *superar* su desempeño anterior. Otros se conformarán porque no pueden imaginar que exista algo más allá de lo que poseen actualmente. La cuestión es que la mayoría de la gente no va a elegir una altura digna de gran ascenso debido a las limitaciones que se ponen a sí mismas. La actitud mental relacionada con este proceso de pensamiento no sólo es desalentadora, sino que se ha convertido en la mentalidad heredada de nuestra generación. El pensamiento limitado crea una sociedad de mentes dependientes, dirigidas y poco confiables. Si no se aborda apropiadamente, deteriorará el tejido mismo de nuestra individualidad, de nuestro deseo personal y lo más importante, de la humanidad. Tenemos que recordar que nos colocaron en esta Tierra para lograr grandes cosas. Venimos de un Dios poderoso. Conformarse no es una opción. ¡Viva el propósito de su vida!

Capítulo 4

Amarse a uno mismo

"Tal vez podamos aprender, a medida que crecemos, que el "otro yo" es más poderoso que el yo físico que vemos cuando nos miramos en un espejo."

~ NAPOLEÓN HILL, PIENSE Y HÁGASE RICO

Desvele la ilusión

La palabra amor es probablemente una de las palabras más populares y más usadas por la humanidad. Raramente encontrará otra palabra usada de manera tan figurativa y pasional, y a la vez tan liberalmente. Decir que esta palabra se usa lúcidamente sería inexacto porque la mayoría de la gente no sabe lo que significa amar. Esto suele suceder porque no saben cómo amarse a sí mismos. El amor es noble, amable y verdadero. Y más importante aún, el amor es incondicional.

¡Para mí, el amor es la verdadera esencia de la vida! Se puede ver en todas las cosas que nos rodean. Encontrarás el amor en las lágrimas que caen del cielo para regar la tierra y nutrir las raíces de las plantas. En el viento que sopla a través de las tierras al pie de las colinas. Sí, diariamente podemos ver el amor en muchas cosas a nuestro alrededor. Tristemente, rara vez vemos el amor en el lugar más importante para tener éxito y felicidad, en nosotros mismos.

¿Qué es lo que vemos cuando nos miramos al espejo? ¿Belleza, inteligencia, fuerza o ambición? La forma en que nos vemos determina cómo nos interpretamos a nosotros mismos. Lo que usted ve en sí mismo es una noción percibida que se deriva de lo que usted piensa sobre su ser. ¡Eso es! Además, ¿quién le enseñó a pensar así? Esa es una pregunta importante que exige respuesta. Es cierto, su alma (el verdadero yo) es más poderosa que el yo físico, que es lo que vemos en el espejo. Es muy importante que validemos que el amor que vemos en el espejo es nuestro, no una ilusión del amor que la sociedad ha inculcado en nuestra mente.

> *"¹²Ahora vemos de manera indirecta y velada, como en un espejo; pero entonces veremos cara a cara. Ahora conozco de manera imperfecta, pero entonces conoceré tal y como soy conocido. ¹³Ahora, pues, permanecen estas tres virtudes: la fe, la esperanza y el amor. Pero la más excelente de ellas es el amor."*

~ 1 Corintios 13:12-13 (*NVI*)

El amor incondicional es el bloque fundamental para comprender la importancia del efecto que el amor tiene en nuestra vida cotidiana. Tener esta revelación divina del amor incondicional nos mostrará cómo amar a pesar de las circunstancias que persuadirían a nuestros corazones a hacer algo diferente. La mayoría de la gente ama a alguien o algo cuando les beneficia. Cuando la persona o cosa que amamos nos decepciona o nos lastima, dejamos de amar. El amor, en este caso, se mide por la capacidad de beneficiarse y mantener el control. Eso no es amor incondicional; es amor basado en condiciones. Desafortunadamente, esta es la manera en que la mayoría de la gente ama.

Imagine a un niño que un día decide que quiere aprender a boxear. Ve la televisión y se imagina como el próximo campeón, como Floyd Mayweather.

Desvele la ilusión

En ese momento, no se da cuenta de que su amor por el deporte no es más que una fascinación. Él no sabe el tiempo, el compromiso y el sacrificio que hay que dedicar al deporte. Un día, el joven tiene una pelea de boxeo y gana. ¡Esa noche le dice a su madre cuánto ama el deporte! Pelea tras pelea, el joven gana. Su amor por el deporte crece tanto que él no puede imaginarse haciendo otra cosa. En este punto, conoce a un oponente. El joven tiene una pelea de boxeo con un oponente que es tan fuerte, comprometido y dispuesto a hacer sacrificios como él y es golpeado fuertemente. Cada puñetazo duele más y más que el anterior. Eventualmente, el chico decide que ya no quiere pelear y renuncia. Luego que la pelea ha terminado, el espíritu del joven se desmorona, jura que nunca peleará otra vez, le dice a su madre que no ama el deporte después de todo y que desea hacer otra cosa.

¿Esto le suena familiar? Esta es la manera en que la mayoría de la gente ama. Como el joven, cuando las cosas van bien les encanta lo que están haciendo, pero en el momento en que la vida les golpea fuertemente, su corazón cambia. En pocas palabras, mientras las cosas sean favorables, ganen dinero y se sientan bien, desean continuar haciendo lo que están haciendo. Sin embargo, la mente y el corazón cambian tan pronto como los 'golpes de la vida' llegan. Piense en esto, su cónyuge decide que a él o ella no le gusta una actividad particular que alguna vez hicieron juntos. El negocio no está progresando y es necesario trabajar los fines de semana durante los próximos seis meses. Hummm, la vida ha perdido su chispa. Lo que una vez disfrutaba ahora requiere mucho sacrificio. Debido a esto, usted no siente la misma pasión que sentía antes. Sus sueños ya no brillan como antes. Se da cuenta de que la emoción se ha ido.

La verdad es que usted nunca amó lo que estaba haciendo. Estaba enamorado de la idea de tener éxito, ganar dinero, etc. pero no quería sufrir. El sufrimiento exige sacrificio. En la vida usted va a tener que probar cuánto ama algo incluso cuando las probabilidades no están a su favor. No amaba incondicionalmente lo que hacía. Usted amó cuando las condiciones eran ventajosas y usted ganaba. En otras palabras, estaba bajo la ilusión que la sociedad enseña: *cuando alguien o algo va en contra de nuestros deseos eso significa que no nos ama.* Cuando las cosas que usted ama no están a su favor, ¡usted renuncia!

> *"¡Me siento tan contento de que Dios no renuncie a nosotros! ¿Y si Dios amara con condiciones? ¿Te imaginas lo difícil que sería la vida para nosotros? A pesar de todas nuestras imperfecciones y defectos, Dios nos ama incondicionalmente. El amor incondicional y el favor de Dios ejemplifican la importancia del amor. Porque sin él, todos estaríamos perdidos".*

~Dr. Marcellues Hall

Desvele la ilusión

Qué hermoso es Dios y lo digo sinceramente. A pesar de nuestras acciones contra su voluntad divina y las decisiones que tomamos que nos lastiman, Dios todavía nos ama. No importa que hayamos cometido mil errores, nuestro Creador sabe que vamos a cometer mil más. ¡Sin embargo, nos bendice y nos ama de todas maneras! ¡Qué maravillosa sería la vida si nos amáramos así! Que, a pesar de nuestras diferencias físicas o preferencias personales, eligiéramos amar incondicionalmente. La historia nos ha demostrado que la indiferencia entre los hombres tiende a conducir a la violencia, al odio y la guerra. Estamos en un punto crítico como sociedad. Nos falta respeto y amor por los demás como individuos únicos. Tomando en cuenta nuestro pasado vergonzoso, la necesidad de amar incondicionalmente nunca ha sido mayor.

¿Alguna vez pensó por qué el amor incondicional es tan importante? Si toma un momento para analizar el mundo que le rodea, ¿qué es lo que ve? ¡En los cuatro rincones del mundo, verá interminables relatos de sufrimientos en forma de discriminación, racismo, pobreza, esclavitud económica, reforma política arrogante de los gobiernos controladores y tasas de encarcelación extremadamente altas! ¿Qué es lo que provoca que la humanidad sea tan exigente, cruel y odiosa? En el mundo de hoy, parece que es más natural lastimar a los demás que amarnos unos a otros. Esto no es lo que Dios tenía en mente para nosotros cuando fuimos creados. ¿Cómo llegamos aquí y dónde está el amor?

Dado que las leyes de la física nos dicen que la energía no se manifiesta como algo nuevo y que no se crea ni se destruye, sino que se transforma de un estado a otro, ¿de dónde viene el odio? Es un hecho aceptado que el odio es un comportamiento aprendido. Los estudios demuestran que los niños no nacen siendo racistas ni se odian unos a otros debido a sus diferencias, este comportamiento es aprendido con el tiempo al observar a los demás. Del mismo modo, si podemos aprender a odiar entonces podemos aprender a amar, aún más el amor surge naturalmente. El amor tiene la capacidad de erradicar el odio al igual que la luz disipa la oscuridad.

Ahora que conocemos el origen del odio, ¿cómo llegamos al amor incondicional? Primero debemos entender quiénes somos. Fuimos creados a la imagen del amor de Dios por nosotros. No es suficiente entender lo que está sucediendo a nuestro alrededor. Hay razones por las que las cosas están sucediendo en nuestras vidas; es mucho más profundo de lo que vemos en el momento presente. Por ejemplo, si su realidad es que los demás son superiores a usted, entonces su vida estará llena de decepciones, heridas, dolor y sufrimiento. De hecho, está en la naturaleza humana querer controlar o llegar a ser amo sobre alguien. No es sino hasta que acepta esta creencia por sí misma, que esa persona empieza a sufrir verdaderamente. Jean-Jacques Rousseau dice: "El hombre nace libre, y en todas partes está encadenado. Un hombre se cree amo de los demás, pero sigue siendo más esclavo que ellos". Si lo que se le ha dicho a usted se ha convertido en un proceso de pensamiento, entonces piense en sus descendientes. Nuestra generación futura no puede estar bajo la misma huella de opresión. Aléjese de la ilusión y ámese incondicionalmente.

Amarse a uno mismo incondicionalmente no puede expresarse lo suficiente. Es el fundamento de todo lo que es grandioso en la vida. ¡Todo lo que hacemos y alcanzamos empieza por amarnos a nosotros mismos, y también por saber la verdad acerca de quiénes somos! Aléjese de la ilusión de que es inferior o menos importante. Todo comienza con usted. Nadie conoce sus habilidades y destrezas mejor que usted. Cuando vea la grandeza que Dios le ha dado, entonces empezará a notar su valor. Cuando usted sea fiel a sí mismo, entonces y sólo entonces será capaz de alcanzar la cima y cumplir el propósito de su vida. Por el contrario, si no se ama o si no cree en sí mismo, su vida estará llena de limitaciones. Nos hacemos más daño a nosotros mismos que el daño que cualquier otra persona puede causarnos. En palabras de Shakespeare, "que su propio ser sea verdadero".

No solo es necesario que se ame incondicionalmente, también es necesario que ayude y ame incondicionalmente a su familia y amigos. Usted no puede ayudar a otra persona hasta que se ayude a sí mismo. Esta es una frase que hemos escuchado innumerables veces y que es tan válida hoy como lo fue la primera vez que fue pronunciada. No hay nada malo en tomar el tiempo para mejorar su situación en la vida siempre y cuando usted ayude a otra persona en el camino. El mayor recurso no es el dinero, las joyas o la riqueza. El mayor recurso es el amor incondicional que se extiende a los demás una vez que lo dominamos nosotros mismos. Cuando amamos incondicionalmente estamos dispuestos a caminar la milla extra para ver lo bueno en los demás. No existen límites para el amor incondicional. Es su fuerza más allá de la fuerza y será necesaria en cada aspecto de su vida.

> *"16Y nosotros hemos llegado a saber y creer que Dios nos ama. Dios es amor. El que permanece en amor, permanece en Dios, y Dios en él".*

> ~ 1 JUAN 4:16 (*NVI*)

Dra. Mélida A. Harris Barrow
(Desveló la ilusión física y mentalmente)

No se amolden al mundo actual, en su lugar transfórmenlo mediante la renovación de su mente. Así podrán comprobar cuál es la voluntad de Dios, buena, agradable y perfecta.

~ ROMANOS 12:2 (*NVI*)

35 años   56 años

DEL DOLOR AL PODER

Capítulo 5

Del dolor al poder

*Aquellos que creen que el sufrimiento durará para
siempre, sufrirán para siempre.
No hay razón para el sufrimiento, no hay causa para el
sufrimiento, no hay fin para el sufrimiento.
Acepta el sufrimiento.
Ayer fue el único día fácil.
El dolor es sólo el principio.
Así es como se siente el éxito.*

~ DESCONOCIDO

Desvele la ilusión

¿Dónde comienza el dolor? Mejor aún, ¿cuándo termina? El dolor del sufrimiento está pesando sobre los corazones y las mentes de tantas personas que mantiene su espíritu encadenado. Debido a este sufrimiento la gente carece de paz y no puede ver la verdad del amor de Dios capaz llevarlos a experimentar días mejores. La mente está cautiva, lo que dificulta escapar del dolor de las incertidumbres de la vida. Esta ilusión de la mente es la enfermedad más mortífera que existe. Cuando su mente no está bien, el mundo que lo rodea se ve distorsionado. Cuando usted reconoce quién es como persona, alineándose con el propósito de Dios para su vida, no hay nada que le impida activar el poder desde su interior.

La sociedad ha difundido la ilusión de que, desde que nacemos la felicidad es algo que debemos buscar, no algo que poseemos. Nuestros líderes mundiales, dictadores económicos y analistas de mercado quieren que usted crea que en el mundo que ellos ofrecen hay algo más grande que la alegría que usted está experimentando en su propio mundo. Nuestras mentes son enceguecidas mientras nos aferramos al rayo de luz que ellos nos ofrecen a cambio de sacrificar nuestros propios sueños. Cumplir nuestro propósito dado por Dios puede hacernos sufrir. Es hora de "desvelar la ilusión" y saber quién es usted y cuáles son sus capacidades.

A veces, nos olvidamos de que somos un pueblo poderoso. ¡Nacimos para ganar! No hay necesidad de buscar la felicidad, pues esta nos ha sido dada por el Dios del universo. El sufrimiento que soportamos no es porque fracasemos en la búsqueda de la felicidad. ¡Al contrario, simplemente nos falta la verdad! Irónicamente, nunca salimos "de la caja" a buscar la verdad. Nos quedamos dentro de los perímetros que nos dicta la sociedad humana.

La imagen que la sociedad ha representado de la realidad es una "ilusión". Me entristece que los hombres estén en esclavitud mental o espiritual. Independientemente del lugar de nacimiento, clase social u orden social, están vinculados por una ilusión. Su "realidad" carece de mérito y verdad. No pueden darle algo que ya forma parte de usted como persona. Usted determina su felicidad. Nadie puede controlar o determinar su felicidad.

Piense en la época de Navidad. Cada año pasamos un tiempo precioso con nuestras familias. Tenemos recuerdos inolvidables que no se pueden borrar. Sin embargo, la sociedad quiere que creamos que, si no participamos en el impulso económico global de varias empresas, nos falta espíritu navideño. No importa que no haya realidad en tal afirmación (espíritu navideño). Se trata de incrementar las riquezas de la empresa. Los padres trabajan horas extras para comprar a sus hijos juguetes y aparatos electrónicos que no necesitan. Incluso se endeudan debido a su compromiso con la definición de felicidad dada por la sociedad. Para añadir sal a una herida abierta, en la mañana de Navidad usted no recibe ningún crédito por los sacrificios que hizo al trabajar horas extras para hacer feliz a otra persona. El crédito va a un hombre de barba blanca con un traje rojo

Desvele la ilusión

que vuela a través del cielo con nueve renos –*Dasher, Dancer, Prancer, Vixen, Comet, Cupid, Donner, Blitzen y Rudolph*. Él se desliza por una chimenea, viaja en la noche. De verdad... ¡qué ilusión! La realidad es que sus bolsos y carteras son más ligeros debido a este hombre de barba blanca.

Aunque nos damos cuenta de que Santa Claus es una mentira, nos falta espíritu navideño si no nos sometemos a esta tradición hecha por el hombre. De hecho, somos criticados por no participar en esta ilusión. Aunque sabemos que este "cuento fantástico" no tiene sentido, lo hacemos porque trae felicidad a los niños. Mire, cuando hay paz y amor en el hogar, un niño se sentirá feliz aun jugando en una caja de cartón. Sufrimos tanto porque no reconocemos la verdad. Perseguimos un estilo de vida ya sea si creemos en él o no.

Nos hacemos más daño a nosotros mismos infligiéndonos dolor y sufrimiento innecesarios. Las situaciones precarias en las que nos situamos hacen más daño emocional, mental, financiero y espiritual de lo que nos podemos imaginar. Como si estuviéramos enamorados de una mentira, más que de la verdad. ¿Cómo empezamos a transformar nuestras mentes y a elevarnos por encima de esta forma de pensar? Primero, examine cómo procesamos la información. Observe la situación sin asociarla con experiencias pasadas. ¡La evaluación es absoluta! Cualquier cosa o persona sometida a análisis se define a menudo con base en información subjetiva y sesgada desde una perspectiva social. Tenemos que dejar de compararnos con imágenes falsas y ver claramente quiénes somos y lo que podemos llegar a ser.

Lo que tenemos disponible para analizar cualquier situación se basa en nuestra escasa comprensión; y aun así llamamos a esto tomar decisiones de manera informada, sin embargo, todo lo que sabemos es parcial. Una decisión final y absoluta sobre quienes somos no puede ser juzgada con total confianza por una mente que no está debidamente educada (si es que está educada) respecto a quienes somos. Generalmente, el fundamento de lo que llegamos a creer se basa en una conciencia parcial y en la información selectiva que tenemos a nuestra disposición.

¿Qué es este falso sentido del yo que se ha apoderado de nuestras mentes? ¿Cuándo despertaremos a la infinita posibilidad de lo que somos? Nuestro dolor es sólo temporal, pero no podemos aliviarlo hasta que nos liberemos conscientemente de las viejas formas de pensar que nos han mantenido encarcelados durante tanto tiempo. Es hora de desvelar la ilusión.

> *"16Por tanto, no nos desanimamos. Al contrario, aunque por fuera nos vamos desgastando, por dentro nos vamos renovando día tras día. 17Pues los sufrimientos ligeros y efímeros que ahora padecemos producen una gloria eterna que vale muchísimo más que todo sufrimiento.*

Desvele la ilusión

18Así que no nos fijamos en lo visible sino en lo invisible, ya que lo que se ve es pasajero, mientras que lo que no se ve es eterno.

~ 2 CORINTIOS 4:16-18 *(NVI)*

El dolor que experimentamos en la vida no es el final del camino. Es una guía para aquellos que pueden llevar su cruz, porque el dolor siempre lo llevará a un lugar mejor si usted lo permite. Al experimentar dolor y sufrimiento aprendemos lecciones. Al elevar nuestras mentes liberando toda negatividad podemos comenzar a transformar el dolor en poder. Muchas personas creen que cuando experimentan mucho dolor y sufrimiento, su poder disminuye. Por el contrario, el dolor y el sufrimiento te liberan de la ilusión en que viven los demás. Huey P. Newton dijo: "El poder es la capacidad de definir los fenómenos y de hacerlos comportarse como uno desee". Como un pájaro enjaulado, usted se ha fortalecido y ahora está listo para cantar.

Es hora de ver a través de su dolor. Dentro de usted existe la necesidad de ver algo diferente. Es una llamada que debe ser contestada. Lo que usted haga ahora crea posibles resultados para el futuro. Intrigantemente, a medida que creamos nuevos pensamientos, los viejos procesos de pensamiento se vuelven anticuados, cambiando así el rumbo de nuestro futuro inmediato. Esta acción produce un cambio constante debido a un proceso de modificación de la forma de pensar. Su habilidad para adaptarse al cambio se evidencia en la gracia y el optimismo con que lo hace. A cada momento en la vida se produce el cambio. La relatividad de lo que éramos, de lo que somos y de lo que seremos evoluciona constantemente. Heráclito, un filósofo, afirma: "La única constante en la vida es el cambio". Podemos concluir además que está bien cambiar. El desarrollo y el progreso son una parte del proceso de Dios para nuestras vidas. Cumplir el propósito divino no sólo nos ayuda a experimentar la felicidad, sino que transforma nuestro dolor en poder.

Esto me recuerda una historia acerca de un maestro que se encontraba de pie a la orilla del mar junto con dos monjes observando como una bandera roja era movida por el viento. Cada estudiante esperaba pacientemente las instrucciones del maestro. Este les preguntó mientras miraban la bandera roja movida por el viento, "¿Es el viento o es la bandera lo que se mueve?" Un monje respondió que era el viento y el otro dijo que era la bandera. Ambos tenían razón. La vida es relativa al movimiento. Lo que percibimos como la verdad, será nuestra verdad. Si percibimos que no hay fin para el sufrimiento, entonces siempre sufriremos sin embargo si aprendemos de nuestras dificultades superaremos nuestro dolor y lo convertiremos en poder. A medida que experimentemos el dolor y cualquier dificultad que sobrevenga, entenderemos que es para un propósito. No deje que su dolor lo destruya, la victoria está a la vuelta de la esquina.

Desvele la ilusión

*"El pájaro libre salta
al lomo del viento
y flota viento abajo
hasta que cesa la corriente;
moja sus alas
en el naranja de los rayos de sol
y osa reclamar el cielo.*

*Pero un pájaro que acecha
en su jaula angosta
apenas puede ver tras
las rejas de rabia
sus alas están contraídas y
sus pies atados luego,
abre la garganta para cantar".*

~ MAYA ANGELOU

Capítulo 6

Un espíritu resiliente

"Si no puedes correr entonces camina, si no puedes caminar entonces arrástrate, pero hagas lo que hagas, sigue moviéndote hacia adelante".

~ DR. MARTIN LUTHER KING, HIJO

Desvele la ilusión

A veces las preocupaciones de la vida pesan sobre nuestros hombros, lo que nos hace cuestionar nuestras habilidades. A decir verdad, la vida puede ser muy dura. Cada día nos despertamos con las mejores intenciones de aprovechar al máximo nuestro tiempo aquí en la Tierra. Desafortunadamente las cosas no siempre salen como planeamos. Nos encontramos con varios obstáculos lo que hace la vida demasiado difícil de manejar. Hay momentos en que las preocupaciones nos ponen de rodillas y todo lo que podemos hacer es arrastrarnos. La cuestión es que no importa cuánto tiempo le tome llevar a cabo la misión de su vida, siempre y cuando la lleve a cabo. La carrera no es para el corredor más rápido o el competidor más fuerte, pertenece a la persona que tiene resistencia. Usted tiene que avanzar sin importar lo que la vida le lance. No importa lo que haga, no puede mirar atrás. Siga avanzando. ¡Sea resiliente!

"Los hechos no dejan de existir solo porque sean ignorados (Aldous Huxley)". Lamentablemente, la verdad es que todos experimentaremos situaciones desafortunadas. Si nada ha intentado hacerle retroceder, siga viviendo. Habrá situaciones y circunstancias que estarán fuera de nuestro control. Durante estos tiempos difíciles, tenemos que aprender a enfrentar estos problemas, la fe no cambiará su realidad, ignorar la situación no hará que desaparezca. Por alguna razón, hemos adoptado la mentalidad de que si ignoramos el problema este desaparecerá a su debido tiempo. Hoy en día, tenemos todo tipo de vicios que temporalmente nos ayudan a lidiar con los inconvenientes, como la comida, las drogas, el alcohol, etc. De hecho, nos atrapa una ilusión a corto plazo, lo cual está bien, pero la verdad del asunto es que si no hacemos frente a nuestros problemas o buscamos una solución para resolverlos, nunca los superaremos. Hasta que se dé cuenta de que estos problemas no definen quién es usted como persona, sus problemas lo mantendrán en un círculo vicioso continuo. Correrá, pero no irá a ninguna parte. Detenga el ciclo, ajuste su forma de pensar, el problema no debe conquistarlo; usted fue creado para conquistar el problema. Para cada problema, existe una solución. Sea tenaz y resiliente.

A menudo digo: "Si te apartas de tus sueños, el único lugar donde terminarás es en la realidad ajena". Esta afirmación es verdadera y definitivamente aplicable a la estructura social actual. Identifique la ruptura psicológica de las personas que han tenido una epifanía o un despertar consciente de su situación. ¡Debemos despertar a una reintegración social, o como a nuestro amor optimista le gusta llamarlo: resiliencia! Ser resiliente es tener la capacidad de recuperarse rápidamente de situaciones adversas que encontramos durante toda la vida, ya sea por estrés, enfermedad, lesiones o modificación de la conducta.

A menudo pienso en la "mentalidad de cangrejo". La cultura afroamericana se refiere a esta mentalidad como "cangrejos en la cubeta" y a menudo se comparan a sí mismos con estos. La analogía de esta metáfora afirma que las personas de una raza tratarán de disminuir la importancia de cualquier otra persona de esa misma raza que logre ser más exitosa que los demás. En otras palabras, son reprimidos debido a los celos competitivos, al odio, al rencor, etc. ¿Es esta su verdad?

Pregunta: ¿a quién le pertenece la cubeta? ¿Quién puso los cangrejos en ella? ¿Por qué los cangrejos quieren salir de la cubeta? ¿Alguna vez consideró que los cangrejos nunca fueron hechos para estar en una cubeta? ¿Es incorrecto que todos los cangrejos en la cubeta quieran ser libres al mismo tiempo? Estas son preguntas que provocan el pensamiento; que necesitan ser consideradas y que con suerte cambiarán la perspectiva sobre los cangrejos que están en la cubeta. Para mí, cada cangrejo es resiliente. Ellos entienden que su propósito nunca fue ser colocados en una cubeta amontonados uno encima del otro. Al igual que los cangrejos, nunca fuimos destinados a ser colocados en un ambiente restrictivo 'unos encima de otros'. Los resultados nos impiden alcanzar la libertad. Permítame dejar algo claro, la naturaleza humana es ser libre, así es como el Dios del universo nos creó. No crea en la ilusión de que los miembros de nuestra propia especie quieren aniquilarnos para ellos ser mejores.

Ser resiliente requiere que usted identifique y solucione rápidamente el problema. Cuando reconocemos nuestra condición de ser y la aceptamos desde una perspectiva espiritual, tenemos una nueva actitud. Nunca crea que su situación define quién es usted. Tenemos que desarrollar un espíritu resiliente que se corresponda con el propósito de Dios para nuestras vidas. Debemos reconfirmar nuestro propósito, a veces en voz alta, para nosotros mismos. Vuelva a enfocarse. Entienda que, aunque ha tenido experiencias desafortunadas, puede recuperarse, después debe extender aún más ese proceso alentando a otros para que entiendan que ellos también pueden recuperarse o ser libres. Lo que está diseñado para sacarnos de la carrera nos ha equipado mental y espiritualmente para lo que nos espera. En palabras de George Eliot, "Nunca es demasiado tarde para ser lo que podrías haber sido".

> *"Pero no se trata de lo duro que golpees, se trata de qué tan duro puedas ser golpeado y continuar avanzando".*

> ~ ROCKY BALBOA

Recuerde, si no puede correr entonces camine, si no puede caminar entonces arrástrese, pero haga lo que haga, siga moviéndose hacia adelante, tal como el señor King nos inspiró a hacer. No importa lo que suceda en nuestra vida, lo más importante es seguir avanzando. En la vida, cometeremos errores una y otra vez, pero nunca dejaremos de progresar, crecer y evolucionar. Thomas Edison dijo una vez: "No he fallado. Simplemente he encontrado 10.000 formas que no funcionan".

> *"Ser resiliente es abrazar nuestra imaginación y crear lo que imaginamos. Se*

Desvele la ilusión

trata de caminar con un espíritu poderoso, diciéndome a mí mismo que tengo lo bastante de artista como para dibujar libremente con mi imaginación. La imaginación es más importante que el conocimiento. El conocimiento es limitado, la imaginación da la vuelta al mundo.".

~ ALBERT EINSTEIN

Cualquiera de nosotros puede ser resiliente. La vida es dura, pero nuestra historia se enriquece con hombres y mujeres que han sido resilientes y han creído en sus sueños de crear un nuevo mundo en una nueva era. Nuestra nación es un brillante ejemplo de resiliencia. Usted es un brillante ejemplo de resiliencia. Yo soy un brillante ejemplo de resiliencia. Siempre recuerde, si una persona realmente desea cumplir sus sueños, debe desvelar la ilusión. No permita que la realidad del mundo ve se convierta en su realidad.

Capítulo 7

Éxito

"El éxito no es el final, el fracaso no es fatal: es el coraje para continuar lo que cuenta".

~ WINSTON CHURCHILL

Desvele la ilusión

A menudo me pregunto como un niño hipnotizado ante sus tarjetas de fútbol esparcidas en el piso de su dormitorio ¿en qué momento debo izar con orgullo la bandera del éxito frente a mi casa? En el momento en que pueda decir "lo hice". Este es un tiempo con el que todos fantaseamos mientras viajamos al lugar donde trabajamos incansablemente con la esperanza de ser rescatados antes que sea tarde. Después de todo, ¿qué es la vida sin éxito? ¿Es el propósito de nuestra vida el ser exitosos? ¿Qué es el éxito y quién lo ha definido? ¿Cómo sé que ha llegado y qué debo hacer cuando llegue?

El éxito nunca es definitivo. No debería haber fin para las metas que cruzamos en el viaje de nuestra vida, sin embargo, cuando el éxito de su vida no está definido por sus propios estándares, el éxito puede ser limitado. La verdad es que no hay límites. Los únicos límites que existen son los impuestos por nosotros mismos. Esto sólo puede reconocerse cuando se entiende el verdadero significado del éxito. Recuerde, usted es quien define el éxito en su vida.

Los demás no deberían definir el éxito para usted y, para ser honestos, nunca podrán hacerlo. Ser exitoso no viene con un título, cargo, sueldo o lugar de residencia. Cuando usted alcanza los niveles que otros le asignan, esto no es el [VERDADERO] éxito. Eso es estandarización. Usted ha excedido el estándar de lo que se espera de acuerdo con lo que otra persona piensa. Usted está limitado por una fórmula hecha por el hombre para calcular su valor. ¿Cómo es esto posible? ¿Es realmente exitoso por tener un Mercedes Benz cuando lo que usted siempre quiso fue un Subaru? Más aún, ¿cómo puede significar tener éxito una casa de cinco dormitorios con una piscina cuando lo que yo siempre he querido es una cabaña de madera? La gente tiene autos caros sin un lugar a donde ir y una casa sin nadie que los ame. ¿Es eso éxito? Tómese un momento y pregúntese: "¿Qué significa el éxito para mí?"

"El éxito no es la clave de la felicidad. La felicidad es la clave del éxito. Si amas lo que haces, serás exitoso".

~ ALBERT SCHWEITZER

Lamentablemente la mayoría de la gente pasará toda su vida ayudando a alguien a hacer realidad sus sueños, en lugar de cumplir los suyos propios. Si le preguntas al dueño de una empresa cómo definiría el éxito su respuesta probablemente sería algo como esto: es hacer lo que te hace feliz cada día. Día tras día, directores ejecutivos y empresarios trabajan en lo que les gusta hacer. Para ellos, no es trabajo sino una inversión en sí mismos. Ahora enfoquemos nuestra atención en la persona que trabaja doce horas al día para el hombre que posee la compañía. Recibe un salario de seis cifras y tiene veinte días de vacaciones al año y veinte días de enfermedad. Eso es bastante bueno, pero él está trabajando para la compañía. No está cumpliendo su visión o propósito. El trabajador recibe un salario por ser creativo y asertivo, pero dentro de las directrices y demandas de la empresa. Si sobrepasa esos límites, puede y será reemplazado independientemente de las largas horas que trabaje y los sacrificios que haga por la empresa. Mientras que a la persona que posee la compañía doce horas puede parecerle pocas; para el hombre que trabaja para la compañía doce horas se sienten como veinte. El hombre que trabaja doce horas para la compañía basa su felicidad en su éxito en el trabajo (títulos y salario), en lugar de en el éxito y la felicidad de hacer lo que le gusta hacer. Un hombre está viviendo sus sueños construyendo lo que se imagina, mientras que la otra persona le está ayudando a construirlo.

Ahora bien, no todo el mundo puede ser dueño de la empresa, además sólo porque usted sea dueño de la empresa, no significa que sea feliz o exitoso. Hay personas que son felices de no ser el dueño, otros aman ayudar a otros; por ejemplo, existe el hombre que no está particularmente contento con lo que hace, pero está contento por los recursos que proporciona a su familia. Desde su punto de vista es exitoso porque puede cuidar de su familia. Esta es una evaluación justa y honesta. Esta es su definición del éxito. No importa si usted está gana diez dólares por hora o cien, su felicidad define su éxito. Si su éxito en la compañía de alguien no define su felicidad, entonces persiga lo que le hace verdaderamente feliz.

Conclusión

Este libro fue escrito para indicarle los poderes y el conocimiento que usted poseerá una vez que elimine la ilusión. Usted no necesita buscar lo que ya está allí. Escribí este libro para resaltar las cosas que pueden cambiar su vida y de hecho han cambiado la mía. El mundo es un lugar muy vicioso y aprender a sobrevivir en él es algo maravilloso. El siguiente paso será compartir la sabiduría y el conocimiento que ha conseguido a través de las experiencias de la vida. Eso es lo que estoy haciendo en este manuscrito.

He leído muchas historias sobre diversos países y sobre las muchas farsas que tienen aprisionadas a las personas. No está bien. A veces me pregunto si esto no será el infierno. Cuando observas el maltrato de los demás, la vida parece demasiado pesada. La esclavitud y las calamidades de los holocaustos se repiten de nuevo. ¿Qué orden tenemos? ¿De quién es el orden? La vida no ha sido más que una ilusión desde el principio.

Tomando en cuenta la condición del mundo actual no sabemos si veremos un mañana. Se ha hecho evidente que estamos viviendo en una ilusión y que debemos liberarnos de ella. Si no lo hacemos, seguiremos sucumbiendo al sistema de este mundo. Estamos perdiendo tiempo precioso. Usted está en piloto automático porque no ha descubierto quién es o de quién es. Lo normal no debería ser sentirse continuamente deprimido, decepcionado, infeliz o miserable, eso no es normal. Libérese de la ilusión y luche por su libertad, estamos destinados a ganar. Si yo le preguntara a alguien sobre la historia de sus ancestros, no creerían que se remonta a África, contestaría: "Yo soy de Panamá". Eso es lo que la ilusión nos ha hecho creer. Creemos lo que nos dicen. Odio decirlo, no exploramos ni examinamos nada que pueda agregar valor a nuestras vidas. Nuestro miedo a aprender es tan grande que no queremos aceptar la realidad. Preferimos lidiar con una ilusión aceptando todo lo que se nos ha dicho en lugar de liberarnos y reconocer nuestra grandeza. Entiendo que no todos abrazarán la verdad; no todos quieren hacerlo.

Quiero que los hijos de Dios vean lo que la fe ha logrado en ellos. Es tiempo de buscar la verdad. Para que podamos vivir la vida para la cual Dios nos ha creado es necesario encontrar la paz dentro de nosotros mismos. Toque a la puerta de su propia vida y experimente el amor, la verdad y la paz. Acepte la plenitud de lo que Dios ha creado para toda la humanidad, sepárese de la ilusión creada por el hombre. Me gustaría compartir algunas palabras de inspiración, citas y versos bíblicos llenos de sabiduría que me ayudaron a salir de la ilusión y vivir la vida al máximo. Han cambiado mi vida para siempre.

1. ¡No se rinda JAMÁS! Siga avanzando.
2. Cambie su vida hoy, no mañana.
3. Restaure su mente y su vida.
4. Escriba un plan de acción para su vida y haga que suceda.
5. No espere a que alguien lo motive. Motívese usted mismo.
6. Deje de depender de los demás para ser exitoso.
7. ¡Revise y vuelva a revisar su estado de ánimo! Revísese a sí mismo, su corazón y sus creencias.
8. Descubra quién es. Es importante que nos definamos a nosotros mismos y no busquemos que otros nos definan.
9. Controle su temperamento. Hay personas que crean oportunidades para provocarle ira. Mantenga el control en todo momento.
10. No ceda su poder a los demás.

11. Esfuércese por ser desinteresado. No hay recompensa en la vida por ser egoísta, pero hay muchas recompensas por ser desinteresado.
12. Esfuércese por ser un pensador estratégico en vez de un pensador convencional.
13. ¡Ámese a sí mismo y a los demás incondicionalmente! El amor es importante cuando se trata de cambiar su vida. Cuanto más se ame a sí mismo y a los demás de forma incondicional, más paz y bendiciones tendrá.
14. Identifique a las personas que crean problemas, fricción y confusión; y sepárese de los opositores.
15. Sea un pensador.
16. Sea sabio. La sabiduría le permite tener una mejor visión de su entorno.
17. Sea lento en cuanto a hablar y presto en cuanto a escuchar. Reconozca que muchas de sus batallas son espirituales y no físicas.
18. ¡Incluya a los demás en su viaje, pero hágalo sabiamente! Usted no puede hacer el viaje solo.
19. ¡Escuche a Dios! Escuchar es la clave para la prosperidad y el éxito.
20. Reconozca los dones que Dios le ha dado y úselos.
21. Priorice su vida.
22. No se distraiga con los demás. Mantenga el rumbo. Tenga cuidado de no anteponer los proyectos y las aspiraciones de otras personas a los suyos.
23. No permita que la ira o el dolor por cosas del pasado lo mantengan como rehén.

Desvele la ilusión

24. No se deje envolver por el dolor de otra persona. Está bien ayudar a los demás, pero no se eche encima sus problemas ni permita que estos afecten directamente su vida. Sea su apoyo, pero no lleve una carga falsa.

25. Reconozca su pasado. Debe enfrentar su pasado para poder avanzar. De lo contrario, el pasado lo mantendrá en cautiverio y lo inmovilizará.

26. Permita que la crítica lo ilumine en lugar de afectarlo negativamente. Analice las diferentes perspectivas, pero no permita que estas cambien la persona que es.

27. ¡Sea una luz! Usted tiene un propósito. No permita que nadie lo haga sentir menos o disminuya su luz de éxito.

28. Cumpla con el propósito que Dios le ha dado. No permita que sus inseguridades, celos, mezquindades y odio destruyan ese propósito.

Sr. y Sra. Felipe Barrow

"Debido a que hemos desvelado y renovado nuestros pensamientos, somos capaces de elegir la felicidad en lugar de buscarla o esperarla".

~ Dra. Mélida A. Harris Barrow

"Viva su vida apreciando plenamente cada momento. Esto le ayudará a entender y cumplir su propósito".

~ Felipe A. Barrow

Citas

* "No permita que el ego lo lleve a un lugar de tinieblas. El ego busca la dominación y el poder y cuando esto no es posible, usted se sentirá sin poder. Usted no necesita el ego para ser una mujer de Dios poderosa o un hombre de Dios poderoso. Usted ya es poderoso". ~ Dra. Mélida A. Harris Barrow

* "Debido a que he desvelado y renovado mis pensamientos, soy capaz de elegir la felicidad en lugar de buscarla o esperarla". ~ Dra. Mélida A. Harris Barrow

* "Cambiar el mundo comienza con cambiarnos a nosotros mismos y para lograrlo necesitamos cambiar nuestra mentalidad y descubrir la ilusión de este mundo. Hágase estas preguntas. ¿Por qué nuestros hijos se matan? ¿Por qué se privatizan las prisiones? ¿Por qué existe el racismo? ¿Qué me hace sentir inferior a los demás? ¿Por qué tenemos reservas a la hora de trabajar unos con otros? ¿Por qué el sistema escolar no enseña las cuestiones actuales del mundo? Es hora de dejar de vivir en la desinformación y encontrar la verdad que cambiará su vida. Es hora de activar la mente que Dios le dio y la vida que Él quiso que viviera. Es hora de un cambio." ~ Dra. Mélida A. Harris Barrow

* "El racismo es una ilusión que existe sólo cuando usted la cree. El antídoto para esa creencia es saber quién es usted como persona. Descubrirse a sí mismo al comprender el tipo de persona que debe ser es la mayor arma contra el racismo. Ningún hombre es inferior o superior a otro. Todos fuimos creados a imagen y semejanza de Dios, con dones y habilidades únicas para contribuir a este mundo". ~ Dra. Mélida A. Harris Barrow

* "La capacidad de efectuar el cambio descansa en el propósito que DIOS le ha dado". ~ Felipe A. Barrow

* "Si tienes tiempo para quejarte de algo, entonces tienes tiempo para hacer algo al respecto". ~ Anthony J. D'Angelo

* "Nunca dejes de luchar hasta llegar a tu destino, es decir, tu ser único. Ten un objetivo en tu vida, adquiere conocimiento de manera

continua, trabaja arduamente y se perseverante en alcanzar lo mejor de la vida". ~ A. P. J. Abdul Kalam

* "Les digo a mis hijos y a mis protegidos, siempre demuestren humildad cuando creen algo y gracia cuando sean exitosos, porque no se trata de ustedes. Ustedes son un terminal para un poder superior. Tan pronto como acepten eso, podrán hacerlo para siempre". ~ Quincy Jones

* "Los pensamientos positivos son una fuente de alegría, amor y una indicación de nuestra alineación con la fuente. Los pensamientos negativos crean desarmonía en nuestro cuerpo, por ejemplo, la depresión, el miedo y la agresión indican una desalineación con la fuente". ~ *Hina Hashmi*

* "El deseo de tener poder sobre otros y dominarlos surge básicamente de los pensamientos negativos que existen dentro de ti". ~ Stephen Richard

* "Un buen amigo que señala errores e imperfecciones y rechaza el mal debe ser respetado como si revelara el secreto de un tesoro escondido". ~ Buda

* "Es un error pensar que las desgracias vienen del este o del oeste; se originan dentro de la propia mente. Por lo tanto, es absurdo protegerse contra las desgracias del mundo externo y dejar la mente interior descontrolada". ~ Buda

* "Usted mismo, tanto como cualquiera en el universo entero, merece su amor y afecto". ~ Buda

* "No importa cuántas palabras santas leas, no importa cuantas palabras santas digas, no sirven de nada si no actúas de acuerdo con ellas". ~ Buda

* "No creas nada, no importa dónde lo leas, o quién lo diga, no importa si lo he dicho yo, a menos que esté de acuerdo con tu propia razón y tu propio sentido común". ~ Buda

Desvele la ilusión

Dra. Mélida A. Harris Barrow

Pues Dios no nos ha dado un espíritu de timidez, sino
de poder, de amor y de dominio propio.

~ 2 TIMOTEO 1:7 (*NVI*)

Versículos bíblicos

Ustedes quédense quietos, que el Señor presentará batalla por ustedes.

~ Éxodo 14:14 (NVI)

Más bien, busquen primeramente el reino de Dios y su justicia, y todas estas cosas les serán añadidas.

~ Mateo 6:33 (NVI)

Y Dios creó al ser humano a su imagen; lo creó a imagen de Dios. Hombre y mujer los creó.

~ Génesis 1:27 (NVI)

El que adquiere cordura a sí mismo se ama, y el que retiene el discernimiento prospera.

~ Proverbios 19:8 (NVI)

Porque el Señor da la sabiduría; conocimiento y ciencia brotan de sus labios. Él reserva su ayuda para la gente íntegra y protege a los de conducta intachable. Él cuida el sendero de los justos y protege el camino de sus fieles.

~ Proverbios 2:6-11(NVI)

No niegues un favor a quien te lo pida, si en tu mano está el otorgarlo.
Nunca digas a tu prójimo: "Vuelve más tarde; te ayudaré mañana", si hoy tienes con qué ayudarlo.
No urdas el mal contra tu prójimo, contra el que ha puesto en ti su confianza.
No entres en pleito con nadie que no te haya hecho ningún daño.

~ Proverbios 3:27-30 (NVI)

El justo es guía de su prójimo, pero el camino del malvado lleva a la perdición.

~ Proverbios 12:26 (NIV)

Pues Dios no nos ha dado un espíritu de timidez, sino de poder, de amor y de dominio propio.

Desvele la ilusión

~ 2 Timoteo 1:7 (NVI)

Manténganse alerta; permanezcan firmes en la fe; sean valientes y fuertes.

~ 1 Corintios 16:13 (NVI)

Después de esto vi a otro ángel que bajaba del cielo. Tenía mucho poder, y la tierra se iluminó con su resplandor. Gritó a gran voz: "¡Ha caído! ¡Ha caído la gran Babilonia! Se ha convertido en morada de demonios y en guarida de todo espíritu maligno, en nido de toda ave impura y detestable. Porque todas las naciones han bebido el excitante vino de su adulterio; los reyes de la tierra cometieron adulterio con ella, y los comerciantes de la tierra se enriquecieron a costa de lo que ella despilfarraba en sus lujos. Luego oí otra voz del cielo que decía: "Salgan de ella, pueblo mío, para que no sean cómplices de sus pecados, ni los alcance ninguna de sus plagas; pues sus pecados se han amontonado hasta el cielo, y de sus injusticias se ha acordado Dios. Páguenle con la misma moneda; denle el doble de lo que ha cometido, y en la misma copa en que ella preparó bebida mézclenle una doble porción. En la medida en que ella se entregó a la vanagloria y al arrogante lujo denle tormento y aflicción; porque en su corazón se jacta: Estoy sentada como reina; no soy viuda ni sufriré jamás.' Por eso, en un solo día le sobrevendrán sus plagas: pestilencia, aflicción y hambre. Será consumida por el fuego, porque poderoso es el Señor Dios que la juzga.

~ Revelación 18:1-8 (NVI)

Testimonios

Debido a la Iniciativa Global de Amor, Verdad y Paz de la Dra. Mélida Harris Barrow, y al apoyo y orientación que he recibido de ella, finalmente pude aceptar los dones que la Eternidad y mi Creador me han dado para que desarrolle. Creo firmemente que Dios te conecta con personas que están destinadas a estar en tu vida. Personalmente, creo que la Dra. Mélida Harris Barrow es la persona que Dios envió para ayudarme y guiarme, como haría mi mamá, si estuviera viva. Sé que ella está orgullosa de mí donde quiera que esté.
Saludos cordiales,
Leila Tamara Salazar Moreno
Presidente
Revista ETHNICITIES

Dra. Mélida A. Harris Barrow

Conocí a la Dra. Harris Barrow hace dos años en la Expocomer Trade Show en la Ciudad de Panamá, Panamá. Lo primero que noté fue su hermoso espíritu. Ella es una fuente de poder multicultural y un imán internacional. Su visión ha abierto puertas que habían estado cerradas para tantos empresarios. ¡GRACIAS, GRACIAS, GRACIAS!
Valerie Winfield, Directora Ejecutiva
Val's Paper Passion

Gracias a la Dra. Harris Barrow y a la gracia de Dios, comencé a descubrir que mi ilusión era una gran mentira, porque esta nunca llegaría a ser mi realidad, y yo no quería realmente ser parte de ese mundo. Dentro de mi ser, mis sueños todavía están gritando y deseando ser manifestados. Descubrí que esta mentira me impedía vivir mis sueños y amarme a mí misma. Al huir de mis sueños estaba huyendo de mí misma. Fue muy doloroso no ser yo misma. Mis circunstancias del pasado dañaron mi autoestima y la imagen que tenía de mí. En mi mente tenía grabada la idea de que era inútil e incapaz de lograr nada. En el fondo de mi corazón sabía que la persona que soñaba ser era mi verdadero yo. Oculta dentro de esta mujer quebrada todavía deseaba convertirme en esa persona. Comencé a evaluarme y a enfrentar mis dolores. Finalmente, me perdoné a mí misma. Me di cuenta de que no es el final hasta que me dé por vencida. Gracias, Dra. Mélida A. Harris Barrow por escribir 'Desvele la ilusión: conozca quién es'.
Hanna Olmberg
Abogado -Emprendedora
Surinam

Desvele la ilusión

¡El impacto que la Dra. Mélida Harris Barrow ha tenido en mi vida como mi mentora ha sido fenomenal! Ella entró en mi vida cuando acababa de emprender mi negocio de entrenamiento de vida y en poco menos de seis meses ella había llevado mi mentalidad y mi fe al siguiente nivel. Ella me inculcó los verdaderos valores del amor, la verdad y la paz, los cuales se convirtieron en los cimientos de mi negocio. A través de sus enseñanzas espirituales pude conectarme más profundamente con mi interior, descubrir más acerca de mí misma y así liberar el poder que había estado retenido en mi interior por tanto tiempo. Además, ella me nominó como Doctora Honoris Causa en Filosofía y Humanidades. Siempre estaré agradecida. Ella siempre será mi mentora, madre espiritual, familia y amiga.

Dra. Lakisha Ross
Presidente
Mindset Over Everything

Agradecimientos

Este libro trata sobre las aventuras de mi vida. Muchos familiares y personas alrededor del mundo dejaron una impresión indeleble en mi existencia. Sin ellos, este libro no habría sido escrito.

Provengo de una familia de visionarios valientes y resilientes. Debo esto a mi abuela paterna de Jamaica, Eunice Brown y a mis abuelos maternos de San Andrés, Colombia, Ormie Rankin Davis y Arcelio Davis. Además, me siento profundamente agradecida de mi querido padre, Reginaldo Keen Johnson (fallecido) y de mi madre, Merline M. Johnson, por su amor. También expreso mi gratitud especial a mis tíos y tías, Señor y

Señora Melvin Belinfante, Señor. y Señora Olin Scott y Señor y Señora Arcelio (Jimmy) Davis. Deseo enviar mucho amor al Pastor Abraham Adesayo, a Jane Patterson y a su familia, a mi sobrina, Caressa Johnson, y a mis sobrinos, Alfredo Escalona, Jeremy Johnson y Reynaldo Johnson.

"Gracias", Judge Andre Harris III, por donarme tu riñón. Esta palabra parece tan inadecuada para el regalo de la vida que me has dado. El 16 de marzo de 2017 se cumplirán 15 años desde que recibí ese precioso regalo. Que Dios continúe bendiciéndote a ti y a tu familia.

A mis madres y padres postizos que me aconsejaron y me amaron a lo largo de mi vida. Merecen gran parte del crédito por todas las cosas buenas que he logrado en la vida: Milray Leah Barrow, Albert S. Barrow, Arabella Fails, Judith Benoit, Ed Benoit, Edwin Ewen, Gladys Ewen y Mildred Aikman (fallecida). Gracias.

Un agradecimiento especial a Rowena y Roberto Edwards, a Dana Stannard, a Reynaldo Ferdinand, a Sebrina Baker y a Marjorie Roc por su constante amor y apoyo a lo largo de los años.

Por último, pero no menos importante, este libro dio su primer paso hacia la publicación cuando conocí a Traneisha Jones. Ella me proporcionó consejo y guía constantes durante todo este proceso. A mi hermosa cuñada, Michelle Johnson, quien hábilmente editó el libro, y no puedo olvidar a Jannett Morrow, quien me guio y me proporcionó información sobre cómo auto-publicar este inspirador manuscrito. Por supuesto, a los embajadores de Love, Truth and Peace Inc. y de Panama World Trade & Investment Foundation, que me mantienen con los pies en la tierra y me inspiran diariamente: Emelio Campbell, Dr. Jean Quijano, Alejandro Adames, Yahalia Franklin, Yanis Chery, Julio Lezcano Guzmán, Georgeina Driver, Birdy Haggerty, Andrea Graham, Deon López, Keila y Fausto Moreno, Embajador Joseph Rankin, Valerie Winkfield, Lena Dixon, Celia Turner, Ilka V. Chavez,

Norma Lewis, Kayra Harding, Edward Winfrey, Deborah Mitchell, David Capellán, Andrés Bedoya Molinar, Javier Cabrera y Wanda Báez.

El mayor regalo, la alegría y el amor de mi vida, mis hijos y nietos.

Estaré eternamente agradecida, Señor, porque Tú me diste el mayor regalo de todos. Madre y abuela son los mejores títulos que alguien podría tener.

Este libro puede ser comprado con fines educativos, de
inspiración o de ministerio.
La autora está disponible para conferencias, tutorías,
entrenamiento personal, seminarios, talleres y sesiones
corporativas.
Para obtener información adicional sobre la Dra.
Harris Barrow y su línea de productos y servicios,
visite: www.unveilingtheillusion.com
www.melidaharrisbarrow.com
Correo electrónico:
melidabarrow14@gmail.com
Información de contacto:
1-(954)-253-4656 (Estados Unidos)
+507-832-0191 (Panamá)

Notas

_____

_____

_____

_____

_____

_____

_____

_____

_____

_____

_____

_____

_____

_____

_____

_____

_____

_____

_____

_____

_____

_____

Notas

_____

_____

_____

_____

_____

_____

_____

_____

_____

_____

_____

_____

_____

_____

_____

_____

_____

_____

_____

Notas

Notas

Notas

Notas

_____

_____

_____

_____

_____

_____

_____

_____

_____

_____

_____

_____

_____

_____

_____

_____

_____

_____

www.ingramcontent.com/pod-product-compliance
Lightning Source LLC
Chambersburg PA
CBHW071140090426
42736CB00012B/2181